풀꽃 화엄
— 108 업의 시조時調 심경心經

석성우 시집

● 시인의 말

인생 팔십
구름 한 점

그 구름 흘러가게 하고
그 구름 쉬게 하는 것이 무엇일까?

업이란
눈에도 보이지 않고
손에도 잡히지 않지만
그러나 분명한 현실!

이 화두를 어쩌면 좋으랴.

2021년 2월
無縫 性愚 합장

차 례

◇ 시인의 말 / 3
◇ 업의 이야기 / 119 ─── 이상범
　시집 이름 달자면 '백팔 업의 시조時調 심경心經'

업·1 ─── 11
업·2 ─── 12
업·3 ─── 13
업·4 ─── 14
업·5 ─── 15
업·6 ─── 16
업·7 ─── 17
업·8 ─── 18
업·9 ─── 19
업·10 ─── 20
업·11 ─── 21
업·12 ─── 22
업·13 ─── 23

업·14 —— 24
업·15 —— 25
업·16 —— 26
업·17 —— 27
업·18 —— 28
업·19 —— 29
업·20 —— 30
업·21 —— 31
업·22 —— 32
업·23 —— 33
업·24 —— 34
업·25 —— 35
업·26 —— 36
업·27 —— 37
업·28 —— 38
업·29 —— 39
업·30 —— 40
업·31 —— 41
업·32 —— 42

업·33 —— 43
업·34 —— 44
업·35 —— 45
업·36 —— 46
업·37 —— 47
업·38 —— 48
업·39 —— 49
업·40 —— 50
업·41 —— 51
업·42 —— 52
업·43 —— 53
업·44 —— 54
업·45 —— 55
업·46 —— 56
업·47 —— 57
업·48 —— 58
업·49 —— 59
업·50 —— 60
업·51 —— 61

업·52 —— 62

업·53 —— 63

업·54 —— 64

업·55 —— 65

업·56 —— 66

업·57 —— 67

업·58 —— 68

업·59 —— 69

업·60 —— 70

업·61 —— 71

업·62 —— 72

업·63 —— 73

업·64 —— 74

업·65 —— 75

업·66 —— 76

업·67 —— 77

업·68 —— 78

업·69 —— 79

업·70 —— 80

업·71 —— 81

업·72 —— 82

업·73 —— 83

업·74 —— 84

업·75 —— 85

업·76 —— 86

업·77 —— 87

업·78 —— 88

업·79 —— 89

업·80 —— 90

업·81 —— 91

업·82 —— 92

업·83 —— 93

업·84 —— 94

업·85 —— 95

업·86 —— 96

업·87 —— 97

업·88 —— 98

업·89 —— 99

업·90 —— 100
업·91 —— 101
업·92 —— 102
업·93 —— 103
업·94 —— 104
업·95 —— 105
업·96 —— 106
업·97 —— 107
업·98 —— 108
업·99 —— 109
업·100 —— 110
업·101 —— 111
업·102 —— 112
업·103 —— 113
업·104 —— 114
업·105 —— 115
업·106 —— 116
업·107 —— 117
업·108 —— 118

업·1

눈 한 번 다시 뜨면
세상이 다 보인다

때 묻은 마음에는
흙탕물만 튀길 뿐

이 좋은 세상살이를
허무하게 보낼거냐.

업·2

이승에서 다시 만난
우리는 선연인가

알알이 맺힌 업을
그 누가 알랴마는

검은 업 모두 모아서
연꽃 피워 보게나.

업·3

누구의 부탁으로
이 세상에 왔는가

누구의 부탁으로
이 세상 떠나는가

그 길에 보이지 않는
업이 작용한다네.

업·4

내 업이 몇 근인가
어디 숨어있는가

찾아도 찾을 수 없어
동서남북 헤매인다

내 업에 내가 속아서
한 세상을 버둥인다.

업·5

도리천에 살다가 이 세상에 왔는데

전생에 하던 일 참 좋은 노리개 일

다음 생 그 다음 생도 이 세상에 와야지.

업 · 6

아버지 어머니를 내가 선택하였다

지난 세상 지은 빚 갚아야하기에

금생에 다 못 갚으면 다음 생이 있다네.

업·7

동녘에 푸른 기운 한 줄기 서려오면

영혼이 맑은 이가 차 한 잔 달여 주고

넉넉한 그 향기 속에 이 한 몸을 묻을거나.

업 · 8

때 묻은 마음으로 이 세상에 왔단다

한 세상 살아가며 할 일도 많겠지만

그 마음 때 씻고 나면 이 세상이 극락이다.

업 · 9

얼마나 복 지어야 내원궁에 살려나

얼마나 덕 쌓아야 보살들이 웃을까

인과의 섭리 속에는 한 치의 틈도 없구나.

업·10

눈에서 업을 쌓네
입에서 업을 짓네

몸에서 업 모으네
손에서 업 나오네

본마음
어디 두고
마음에서 업 만드나.

업·11

가질 것 하나 없는
헛헛한 이 세상에

목숨 걸고 가지려고
저리도 아귀다툼

이승에
있는 것만으로
고마운 줄 알아야.

업·12

때 묻은 생각 접고
그 생각 들여다봐라

생각에 뿌리 있나
온통 비어 있는데

홀연한 생각에 끌려
탕진하는 모습을.

업·13

인과의 화살은
과녁을 맞히나니

그 화살 피해 갈 이
천하에 어디 있나

이뭣고
화두 하나에
누려지는 열반락.

업·14

천하가 내 것이라도
마음에 다 못 채운다

배고픈 허기증에
시달리며 산다 해도

탐욕의
쇠갈퀴 속에
인과율을 어쩌나.

업·15

이 몸을 두고 가는 엄연한 현실 속에

평소에 깜빡하고 아는 이 적더구나

사바에 머무는 동안 그 영혼을 맑히렴.

업·16

한 생각 빗나가면 나락奈落으로 가거니

한 생각 놓으면 그 자리가 정토러니

한 생각 챙기지 못해

찾아가는 불 구덩.

업 · 17

중생은 자기를 이기지 못한다

몸뚱이 시키는 대로 노역하다 마친다

업이란 도도한 흐름

거스를 수가 없구나.

업 · 18

천금보다 귀하고 만금보다 값지다

세상 다 준대도 바꾸지 않을 목숨

스스로 내동댕이쳐

땅을 치며 눈물짓네.

업·19

꿈에서 깨어나라 꿈에서 깨어나라

비몽非夢에 취한 듯 사몽似夢에 홀린 듯

헛된 꿈

꿈속 헤매며 삶을 마감하려나.

업·20

생각으로 지은 업이 수미산을 넘어서고

마음으로 쌓은 업이 천하를 뒤덮구나

어느 날

어느 시절에 업을 소멸하려나.

업·21

업 짓지 말라 혹업을 짓지 말라

선업을 쌓아도 모자라는 한 평생

소 돼지

그들 한 세상이 그렇게도 부러우냐.

업 · 22

전생에 지은 업을
그 누가 알랴마는

오늘 하는 것이
바로 그것이라네

한 생각 내려놓으면
업의 강을 건너리.

업·23

복이나 타고 나지
깨진 쪽박 차고 왔나

복 없이 사는 삶이
얼마나 고달프냐

한 세상 복 지으시구려
복 지어서 살거나.

업·24

세월이 가더라도
마음은 늙지 않네

영원히 살아도
살아있는 마음을

함부로 낭비하지 마라
인과가 따르나니.

업·25

흰 마음 어디 있나
검은 마음 어디 있나

햇빛이 비껴가니
마음이 검어진다

마음에 마음 쓰다보면
마음 다 못 쓰고 간다.

업·26

누구도 바라지 않는 병은 어디서 오나

모란을 심어야 모란꽃이 피듯이

그 병을 이기고 싶으면

업을 삭혀 보아라.

업·27

모양도 색깔도 없는 업은 어디서 오나

말하고 생각하고 행동하는 곳에서

중생은 고업 덩어리

누가 감당하려나.

업·28

한 생각 빗나가면 누리에 잠재하니

생각은 살아서 기운을 일으킨다

저 섭리 외면할 이

천지간에 없구나.

업 · 29

이 세상 떠나기 전 풀어야 할 숙제는

살면서 지은 업을 어이 지고 가려나

한 점도 남기지 말고 다 녹이고 가야지.

업·30

천상도 지옥도 내가 선택한단다

지어둔 업에 끌려 찾아가는 나의 세상

흰 구름 다한 곳에는 푸른 청산 있단다.

업·31

마음에 마음 더하니 본마음 달아나고

마음에 마음을 빼니 본성이 나타나네

본마음 있는 그대로 우담발화 피구나.

업·32

욕심에 욕심을 더하니 속물이더라

삼독심 웅덩이에 구정물만 넘치네

탐욕에 젖어 산다면 가는 곳은 축생계.

업·33

이것이 있음으로 저것이 있는데

저것이 없으면 이것도 없는데

동녘에 해 뜨는 섭리 거스릴 이 누구냐.

업·34

청산은 흰 구름을 붙들지 않는데

바다는 갈매기를 데리고 있네

바람은 모습도 없이 제 갈 길만 가는구나.

업·35

어디서 왔는가
어디로 가는가

누구도 모르면서
하루하루 살아가네

오늘을 잘 살고나면
염려할 것 없다네.

업·36

무명에 묻혀 사니
남의 세상에 사는 듯

살아도 사는 건지
혼마저 달아났네

한 생각 놓은 자리가
허공계와 같구나.

업·37

시작도 끝도 없는
윤회의 강가에서

공연히 돌팔매만
허공에 날리구나

갈매기 서녘하늘로
줄 지어서 가는데.

업·38

바위야 어느 세월에
풀꽃으로 태어나랴

바위면 어떻고
풀꽃이면 어떠랴만

그래도 노란 풀꽃에
흰나비 춤춘다.

업·39

마음에 담아둘 것
아무것도 없는데

그 말이 어쩐지
잊혀지지 않는다

자세히 들여다보니
숨길 것도 없는데.

업·40

전생 빚 얼마더냐
어디에 물어볼까

사는 날 하루하루
빚쟁이에 쫓기듯

빚 없이
사는 사람은
날마다 좋은날.

업·41

이승에 사는 것이
얼마나 소중한데

철없이 말하고
함부로 행동하여

삼업을 쌓고 있구나
어이할고 저 일을.

업 · 42

한 마음 놓으면
날마다 좋은 날

한산이 습득을 만나
학춤을 추는구나

해탈 문 열려있는데
어디에서 헤매나.

업·43

혼줄 놓으면
그건 짐승이니라

제 혼줄 챙기는 일
무엇보다 소중한데

짐승이 되려고 서두르는
저 무리들 어쩔고.

업 · 44

달마가 무엇 하러
동토에 왔는가

양무제 제도 못해
소림굴에 구년을

인연의 소중함이여
공덕지어 누리렴.

업·45

하늘 기운 맑은 날 지리산 작설차

기러기 서쪽으로 가면 잠에 드나니

잠결에 놓치지 마라

목숨보다 귀한 화두.

업 · 46

마음은 텅 비어서
채울래야 채울 수 없는데

어느 날 풀꽃 한 송이
스치는 향기로움에

마음은 충만해서
더 채울게 없구나.

업·47

어느 바람결에
구름이 몰려올지

어느 구름결에
장대비 들었는지

두 눈 뜬 청맹과니가
달을 보고 짖구나.

업·48

변하고 변하는 게
이 세상 이치러니

영원을 살 것 같이
세상의 주인이듯

저 구름
구름 속에는
무상설법 있다네.

업·49

저 구름 몇 근 될까
저 바람 몇 푼 될까

민들레 한 송이는
얼마나 무거울까

궁금한 세상살이를
누구에게 물어볼까.

업·50

불을 꺼라 불을 꺼라
마음의 불을 꺼라

자기 몸 태우고
이웃까지 태우는

삼독의 불꽃 속에서
무슨 영화 볼건가.

업·51

달마는 바보야 철없는 가난뱅이

천하제일 공덕인 양무제 제도 못해

소림굴 면벽 구 년이

부끄러워라 우스워라.

업·52

전생을 알고 싶나 지금 무슨 일 하나

내생 일 알고 싶나 지금 생각을 보라

다라니 송주誦呪하여서

시방삼세 건너렴.

업·53

꿈에 꿈을 꾸며 간단찮은 이승살이
서서도 앉아서도 한 치 앞이 보이잖네
그 마음 내려놓으면
이 세상은 꽃동산.

업·54

그 누가 저곳을 동쪽이라 했는가
그 누가 이곳을 서쪽이라 했는가
동이니 서니 하는 생각
넘어서면 화장찰해.

업·55

복 지어라 복 지어라 이승에서 할 일 그것뿐
그 어느 위성衛星에서 복 지을 수 있는가
사바는 복 짓는 터 밭
때 놓치면 어디서.

업·56

빚 받으러 왔구나 빚 받으러 왔구나
전생 빚 받으러 이 세상에 왔구나
이 세상에 머무는 동안
남김없이 갚으렴.

업·57

눈을 떠라 눈을 떠라
마음의 눈을 떠라

시방삼세 어디가
정토 아닌 곳 있느냐

공연히 두 눈 꼭 감고
허둥대지 말아라.

업·58

바보야 바보야
성우 바보야

세상일 알아서
어디에 쓰려나

가을 빛 맑은 하늘이
네 마음을 비추네.

업·59

저렇게 밝은 세상
광명의 세계 두고

무명에 뒤덮여서
앞뒤 분별 못 하네

진여의
밝은 자리에
세세생생 행복이.

업 · 60

마음을 보아라
본마음 보아라

색깔도 모양도 없이
어디에 있는지

마음을
다 보고 나면
이 세상은 내 세상.

업 · 61

한 마음 바로 쓰면
마음은 보물창고

삼독심 깊은 수렁에
허우적이지 말아라

자성自性의 끝없는 바다
지혜광명 넘친다.

업 · 62

한 생각 잘못하면
나락으로 떨어지고

한 생각 다스리면
나라도 살리거니

한 생각 그 생각의 문
활짝 열어보아라.

업 · 63

군왕의 몸이라도 전생 업을 어이랴

자기를 이기지 못해 치심痴心의 노예 되어

그래도 공덕 쌓아서 문수동자 만났구나.

업 · 64

사람이 사람마음 써야 그게 사람이지

사람이 축생마음 쓰면 그는 축생이지

사람이 부처마음 쓰면 바로 부처이니라.

업 · 65

업보의 화살을 그 누가 피해가랴

이승은 업 녹이는 곳 그나마 사람으로

한 생을 놓치고 나면 어느 생을 기다리랴.

업·66

전생에 지은 업이 문득 손을 내밀 때
돌아설 수 없는 벼랑에서 회한의 엽서를 쓴다
숨 한 번 깊이 쉬는 것도
고개 숙일 일이다.

업·67

바람아 불어라 푸른 바람아 불어라
저 탁한 기운 쓸고 갈 태풍아 불어라
잡초도 맑은 하늘 보며
춤을 추고 싶다네.

업·68

이승이면 어떻고 저승이면 어떠랴
지어둔 인연이사 어디로 가랴마는
삼업을 녹이고 나면
해탈 향에 젖으리.

업·69

어디로 가야하나 어디로 가야하나
지나온 행성마다 그림자 지었는데
줄 것도 받을 곳도 없는
그곳으로 가고 싶네.

업·70

한 마음 펴고 보니 세상은 나의 것
한 마음 닫고 보니 감옥이 따로 없네
펼 것도 닫을 것도 없는
마음 밖의 마음을.

업·71

인연에 얽히고 숙연에 묶이어서

한 발짝 내 디디지 못해 서성이고 있구나

금생에 어디쯤 가서 허리 한 번 펴볼까.

업·72

아무리 살아봐도 백 년도 못 사는데

삭신이 다 닳도록 이 몸뚱이 종노릇하네

한 생각 내려놓으면 온 천하가 내 품에.

업·73

마음의 마음을 들여다 보았나

마음의 배고픈 소리 들어나 보았나

마음의 잠자는 소리 깨워나 보았나.

업·74

마음 놓고 살자니 마음 놓을 곳 없고

마음 들고 살자니 마음 들 곳 없네

놓을 곳 들 곳도 없어 동동걸음하구나.

업·75

마음이 제자리에 놓이지 않은 날은

별들의 속삭임도 들리지 않는구나

봄볕의 따스한 무게도 느껴지지 않는구나.

업 · 76

시를 읽지 않아도 매화꽃 피어나고

노래 부르지 않아도 춘란 꽃 지더이다

저 바람 바람 속에서 어느 별이 몸 풀까.

업·77

길 떠난 나의 말이 화려하게 변신하여

때론 꽃잎으로 때론 눈송이로

언제쯤 업을 삭이고 잠에 들지 모른다.

업·78

내 손 잡아 줄 이 천지간에 없더니

오늘 봄빛 한 자락 두 발로 밟고 나니

천하가 내 발 아래서 숨죽이고 있구나.

업·79

내 삶을 사면할 이 그 어디에 숨었나

칼날보다 시퍼런 세월 호랑이 등에 앉아

이뭣고 화두 하나에 마감하는 이승을.

업 · 80

빈 손 뿐인 것을 빈 마음뿐인 것을

그래도 서성거리며 동서남북 찾아보며

속아온 세월 등성이에 저승꽃만 피었네.

업·81

흔적 없이 들어온 도둑 내 마음 훔쳐갔네

쓸모없는 남의 마음 무엇 하러 가져 갔나

찾아도 찾을 수 없어 돌장승에 물어볼까.

업·82

풀잎이 보살의 미소가 될 때까지

돌멩이가 부처님 될 때까지

산새의 지저귐이 설법이 될 때까지

이뭣고 이뭣고 이뭣고.

업·83

뻐꾹새 울어 엽서가 왔다

종다리 높이 날아 푸른 하늘 한 조각

진달래 밝은 둘레 햇볕 따사롭다.

업·84

한 생각 내려놓고
마음도 감춰놓고

지나는 실바람을
허리에 감아본다

오늘은 어느 곳에서
초승달이 뜨려나.

업·85

한 마음 놓고 나니
봄볕이 따사롭다

이승 구석구석 다녀도
허기지지 않나니

무위의 즐거움 속에
하루해가 짧구나.

업·86

그대 마음 밖에
무엇 있던가

그대 마음 안에
무엇 있던가

텅텅텅 빈 마음 안고
어딜 가고 있는가.

업·87

순간도 머무는 바 없이
변하고 변하는데

영원을 기약하며
현재를 잊는구나

저 하늘 뭉게구름이
만 권 경을 설하네.

업·88

시간이 어디 있나
공간이 어디 있나

시간 속에 공간이
공간 속에 시간이

덤불 속 이슬 머금은
고개 숙인 산딸기.

업·89

하늘 보기 전에
스스로를 보아라

땅 밟기 전에
스스로를 보아라

네 마음 깊고 깊은 곳
하늘과 땅 있나니.

업·90

기쁨을 살펴보니
뿌리가 없는데

분노도 토파 보니
텅텅 비어 있는데

기쁨과 분노에 실려
이 한세상 가는구나.

업·91

동쪽에서 해가 지랴
서쪽에서 해가 뜨랴

도랑물 시냇물도
바다로 흘러가는데

탐욕에 가려진 마음
한 치 앞을 못 보네.

업·92

인연에 인연을 더하니 구름이더라

인연에 인연을 빼 버리니 바람이구나

바람과 구름 넘어서 푸른 별들 살더라.

업·93

얼마나 적막하면 푸른 하늘 바라보나

얼마나 막막하면 첩첩 산을 헤매는가

허리에 감기는 실바람 가닥가닥 읽으렴.

업 · 94

이 몸도 내 것 아닌데 내 것이 무엇 있나

풀잎에 이슬 같은 속절없는 인생살이

한 치 앞 보지 못하고 혼줄 놓고 있구나.

업·95

설악산 서 있게 하고 향공양 올렸다

신흥사 계곡물소리 대비설법하구나

초승달 반쯤 눈 감겨놓고 아리랑을 부른다.

업 · 96

어디서 상서로운 기운 서려오는 저녁나절

풀꽃 한 줌 꺾어들고 도량에 들어서면

내 영혼 빈자리마다 영산곡이 흐른다.

업·97

서쪽 바람에 팔 폭 장삼 찢기고

동쪽 바람에 이십오조 가사 마른다

그림자 지워진 자리

민들레가 피구나.

업 · 98

이승에 왔으면 운문사 소나무 향 밟아봐야지

호거산虎居山 구름들도 넌지시 살피다가

떠날 때 반시 한 접 품어

어머님께 드려야지.

업·99

내불당內佛堂 다시 열어 소현왕후 천도하며

간절한 신심으로 부처님 감응시켜

한밤중 사리舍利 두 과果가

탁자 위에 오셨네.

업·100

욕심으로 사리 모시면 사리는 가 버리고

신심으로 봉안하면 증과增果하나니

오묘한 부처의 세계

부처만이 아느니.

업 · 101

얼마나 간절하면 부처님 감응할까

얼마나 소원하면 부처님 가피할까

얼마나 공덕 쌓아야

사리님이 오실까.

업 · 102

하필이면 그 분이
나의 아버지일까

하필이면 그 분이
나의 어머니일까

전생에 지은 인연을
숨길 곳이 없구나.

업 · 103

때 묻은 마음속에도
부처님 계시고

어리석은 마음속에도
보살님 계신다

한마음 바꾸고 나면
광명세계 있나니.

업 · 104

풀꽃이 피는 세상
화엄이 열리는데

한 생각 그 생각에
생각을 지워보렴

만다라 그윽한 향기
대천세계 넘치리.

업·105

어느 것에 마음 두랴
어느 것에 마음 쓰랴

풀잎 하나에도
그의 세계 있나니

한마음
밝게 쓰면
이 세상이 안양국.

업·106

옷깃만 스쳐도
인연이라 하지만

어느 구름결에
흰 구름 피어날지

결 고운
바람 한 점을
가슴속에 묻으렴.

업·107

'빈손으로 왔다가 빈손으로 간단다.'

앞에서 들으면 맞는 말 그러나 그것은 거짓말

전생의 업보 안고 왔다가 또 지은 업 지고 가네.

업·108

이러면 어떻고
저러면 어떠랴

흘러갈 것 흘러가고
남아있는 것 남아있나니

도도한 섭리의 물결
소리 한 점 없나니.

● 업의 이야기

시집 이름 달자면
'백팔百八 업業의 시조時調 심경心經'

이상범 /시인

　석성우 스님이 시조 단수單首 108편을 모아 '업의 심경'을 내어 놓았다. 전편全篇을 음미하고 난 다음의 소감은, 필자 자신이 평생을 시조만을 고집하며 아흔을 바라보는 연륜에 이르러 오히려 어린이가 다 된 듯 싶었다. 이 작품을 음미하며 '실로 많은 업을 짓고 살아 왔구나' 하는 마음임을 알았다.
　하여 생각하는 것은, 이 한 수首 업의 경문은 읽는 게 아니라 마음을 내려놓고 촛불을 밝혀든 마음이어야 한다. 한 수, 또 한 수를 조명하며 업을 바로 찾아, 그 업을 다시 극복하며 선업善業을 쌓아야 할 것 같다. 업을 소멸하는 방법으로는, 삶을 조금씩 조금씩 개선해 나가며 마음의 추스름을 가누어 나가야 하리.

마음에 뭔가 미흡함을 느낄 때, 혹은 잠자리에 들기 전에 꺼내어 가만히 음미해 나간다면 정말 108배의 효험에 견줄 만 한 '백팔 업의 시조 심경'으로 손색이 없겠다는 긍정의 눈길을 끔벅였다.

스님의 세수歲首 여든이면 까마득한 선禪의 도량을 섭렵하고 터득한데서 비롯한 지혜와 원력이 아닌가 싶었다. 사실 이 작품, 이 심경은 유심唯心에서 출발하여 유심으로 업의 끝을 보아야 하는 장경章經이자, 심경心經인 것이다.

여기서의 업業은 죄업罪業의 준말일 것이다. 그 업은 선업善業을 쌓으며 소멸되는 길임을 성우 큰스님은 쉽게, 혹은 진지하게 갈파해 나가고 있다. 어느 땐 섬찟 섬찟할 때도 있었다.

'백팔 업의 시조심경'은 백팔번뇌와 무관하지가 않다. 백팔번뇌가 업이라면 이 업의 심경은 나직한 타이름으로 업을 풀고 극복해 나가는 지혜와 요령에 해당할 것이다. 아니 아니, 또 하나의 지침서가 될 것이다.

성우 스님의 시조작품으로 풀어 놓은 선禪의 예술작품은 업의 함정이나 늪에서 쉽게, 혹은 가볍게 탈출할 수 있는 은혜의 따스한 눈빛인 것이다.

우리가 부처님께 정성을 다하여 108배를 올리면 땀이 비 오듯 한다. 그러면서 선禪의 눈빛과 터득의 세계, 바꾸어 말하자면 화두話頭의 떡시루에 자위가 도는 듯한 느낌을 받을 것이다. 바로 그와 같이 '108 업의 시조심경'을 잠들기 전에 머리맡에 얹어두고 마음을 열어 놓고, 잠시 촛불을 켜는 마음으로 한 편 혹은 두어 편씩 음미하며 내 것으로 소화해 나간다면 삶이 풍요로워지고 가벼워질 것으로 보인다.

이 책은 그래서 즐겁게 읽을 수 있을 것이다. 필자의 생각으로 이 책은 주머니에 넣고 다닐 수 있도록 작은 책자로 제작했으면 싶었다. 그리고 생각의 말미가 날 때마다 펼쳐 볼 수 있게 했으면 싶었다. 그래서 선물용으로 전한다면 더욱 선禪과 업의 극복에 좋은 효험으로 나타날 것이라 확신한다. 어쩌면 이것이 불음佛音이 아닐까 생각했다.

이제 '백팔 업의 시조심경' 중에 몇몇 작품을 골라 의미 깊은 속 풀이를 해볼까 싶다.

이 세상 떠나기 전 풀어야할 숙제는
살면서 지은 업을 어이 지고 가려나
한 점도 남기지 말고 다 녹이고 가야지.

―「업·29」

필자도 그런 생각을 지니고 있다. 어떻게 하면 이 세상 떠날 때 모든 업을 다 털어내고 가벼운 마음으로 웃으며, 많이 고마웠고 삶이 감사했다고, 그리고 많은 은혜를 입고 떠나게 되었다고 말하며 떠날까 그게 걱정이다. 난 아무래도 다음 세상에까지 업을 가지고 갈 것 같다. 그래도 많은 선업善業으로 녹이고 또 녹이고 갈 마음이다. 그래서 불면의 밤을 새울 때가 적지 않다.

독자 분들께서도 가볍게 떠나시도록 많은 공덕 쌓으시

기 바라는 마음 간절하다. 필자도 최선을 다할 마음이고, 아름답게 마치도록 선한 생각 지니고 살고 싶다.

청산은 흰 구름을 붙들지 않는데
바다는 갈매기를 데리고 있네
바람은 모습도 없이 제 갈 길만 가는구나.

―「업·34」

언뜻 보면 아무 탈이 없을 듯한 흐름이다. 욕심을 부리지 않는 청산은 흰 구름을 붙들지 않았다. 그런데 바다는 갈매기와 늘 더불어 살고 있다.

산은 정靜이요, 바다는 동動이다. 그렇다! 바다는 파도를 일으키고 때로는 태풍의 눈을 부라리며 많은 피해와 인명을 살상하기도 한다. 그러기에 바다는 위안의 갈매기를 하늘이 선사했을 듯 싶다. 그렇다고 태풍은 해害만 끼치는 것이 아니라 바다를, 그리고 온 세상을 청소하는 큰 역할을 하기도 한다. 그러나 바람은 눈에 보이지는 않지만 풀꽃을 흔들며 제 갈 길을 가는구나 싶었다.

여기서 끝 수 종장이 중요하다. 아랑곳 하지 않는다는 말이다. 정도正道, 즉 바람은 다만 정도正道를 걸을 뿐이란 것이다. 인간도 마찬가지다. 어지러울 때, 역겨울 때 일수록 바른 길을 가야 한다는 말이다. 즉 진리는 진리일 뿐이란 것이다.

하늘 기운 맑은 날 지리산 작설차

기러기 서쪽으로 가면 잠에 드나니
잠결에 놓치지 마라 목숨 보다 귀한 화두.

— 「업·45」

  지리산 하면 작설차요, 작설차 하면 지리산이다. 그곳은 작설차의 본고장이다. 한국의 말차를 만드는 대표적인 곳으로, 세계문화유산으로 지정된 고장이다. 그곳이 화개고을이다. 차의 기운을 부드럽게 하기 위해 차밭위에 포布를 씌워 놨다. 그러나 진리의 등을 밝히기 위해 스님은 화두 하나를 붙들고 있어야만 했다.
  기러기 서쪽으로 간다 해서 나도 따라가면 그만인 것은 아니다. 화두 하나를 붙들고 풀어가는 진리의 화두 하나가 목숨 보다 귀하다 했다. 그 곡진한 화두의 진리 행行! 그 소중함은 바로 중생이기 때문이다.

마음은 텅 비어서 채울래야 채울 수 없는데
어느 날 풀꽃 한 송이 스치는 향기로움에
마음은 충만해서 더 채울 게 없구나.

— 「업·46」

  마음은 텅 비어서 채울 수 없다는 것은 욕심을 다 비워서 채울 수 없는 마음이다. 어느 날 풀꽃 한 송이 스치는 향기로움에도 마음은 충만해서 더 채울 수가 없다고 했다. 그렇다! 완전히 비운, 곧 충만한 마음과 상통한다는 말이다. 하기에 다 비웠다는 말과 충만하다는 말을

같은 걸로 치부하고 있다. 곧 진정으로 욕심을 버리면 채울 것도 비울 것도 없다는 말이니, 이 보다 더 흐뭇하고 완전한 마음이 있겠는가! 무욕無慾이 최선의 마음이다.

그 누가 저 곳을 동쪽이라 했는가
그 누가 이곳을 서쪽이라 했는가
동이니 서니 하는 생각 넘어서면 화장찰해.
―「업·54」

그 누가 저 곳을 해 뜨는 곳이라 했던가, 또 다른 누가 이곳을 해 지는 곳이라 했던가. 밝은 곳 어두운 곳, 생각을 넘어서면 그곳이 화장찰해華藏刹海다. 저곳은 밝은 곳, 어두운 곳이라 말했지만, 그 마음을 넘어서면 모든 곳이 화장찰해란다.

화장찰해란 잘난 꽃 못난 꽃이 없는 온갖 꽃으로 장엄하게 장식하며, 모든 것이 일체가 되어 평등하고 높낮이가 없는 극락이 아닐까. 딴은 세계가 추구하는 이상향은 아닐까.

사람이 사람 마음 써야 그게 사람이지
사람이 축생 마음 쓰면 그는 축생이니
사람이 부처마음 쓰면 바로 부처이니라.
―「업·64」

어찌 보면 지극히 당연한 불음佛音의 말씀만 같다. 사람이면 사람 마음 써야 사람이고, 축생[짐승]마음 쓰면 축생이고, 사람이 부처마음 쓰면 부처가 된다는 말이니, 진실로 부처의 마음만 같다. 말씀만 들어도 참으로 편해지는 말씀이다. 그리고 기분이 좋아지는 말씀이다. 오히려 은혜로운 말씀이자, 듣고 싶은 말씀이다.

내 삶을 사면할 이 그 어디에 숨었나
칼날 보다 시퍼런 세월 호랑이 등에 앉아
이뭣고 화두 하나에 마감하는 이승을.
―「업·79」

내 삶에 씌워진 죄업을 벗겨 줄 이 어디에 숨었나. 살다보니 내게 업이 감겼는데, 이를 풀어 줄 이 어디에 숨었냐는 것이다. 칼날 보다 시퍼런 세월 호랑이 등에 앉아 손을 놓을 수도 달릴 수도 없는, 이러도 저러도 못하는 형국의 세월! 아 바로 내가 탄 삶의 근황인지도 모른다.

'이뭣고' 화두 하나에 마감하는 이승을. 그렇다! 화두 하나를 걸었는데 풀 수가 없었나니, 바로 저승이 답이었던 것이다. 이런 경우, 화두를 그대로 안고 갈 수밖에―. 그러면 세상의 업은 죄다 소멸 되었다고 봐야지요. 어쩌면 주어진 큰 인물에 주어진 공적인 업이겠지요. 국가, 민족, 종교 등을 건사하는 업의 경우라 하겠지요. 시요, 선이요, 그리고 부처님! 부처님!

풀잎이 보살의 미소가 될 때까지
돌멩이가 부처님 될 때까지
산새의 지저귐이 설법이 될 때까지
이뭣고 이뭣고 이뭣고.

―「업·82」

 필자가 제일 좋아하는 시요, 심경이요, 설법이 아닌가 싶다. 시와 선禪이 합하여 가장 좋은 풍광과 사람이 만나 빚은 조화가 아닌가 싶다. 사람이 부처가 되었을 때 문득 보여주는 세상일 것이다. 살아서 볼 수 있는 극락이 아닌가 싶다. 이것이 부처님과 삶을 더불어 누리는 최상의 경지가 아닐까.

설악산 서 있게 하고 향공양 올렸다
신흥사 계곡 물소리 대비설법 하구나
초승달 반쯤 눈 감겨 놓고 아리랑을 부른다.

―「업·95」

 본래 서있는 설악에 향공양을 올리고, 신흥사 계곡 물소리도 대비 설법을 한다. 그래서 초승달 반쯤 눈 감겨 놓고 아리랑을 부른다고 했다. 한데 여기서 왜 아리랑이 나오느냐다. 아리랑은 이 민족 수난사의 소리, 슬픔을 극복하는 소리로 들린다. 그것도 초승달 반쯤 눈 감겨 놓고 말이다. 괜히 핑 도는 눈물을 감출 길이 없다.

때 묻은 마음속에도 부처님 계시고
어리석은 마음속에도 보살님 계신다
한마음 바꾸고 나면 광명세계 있나니.

―「업·103」

때 묻은 마음속에도 부처님 계시고, 어리석은 마음속에도 보살님이 계신다니 서민이나 중생에겐 얼마나 고마운 말이겠는가. 여기서 '한마음 바꾸고 나면'의 바꿈은 무엇일까. 이 또한 다름 아닌, 마음 다잡고 믿음의 세계로 부처님을 섬긴다면 바로 눈앞에 광명세계로 들 수 있다는 말씀이다.

중생에게 전하는 단비 같은 말씀이다. 모쪼록 서로서로 도와 모두가 꿈꾸던 광명세계를 맞이하자.

풀꽃 화엄

지은이 / 석성우
펴낸이 / 金映希
펴낸곳 / 도서출판 土房
2021년 2월 25일 초판 1쇄 발행
등록 1991. 2. 20. 제6-514호
서울특별시 성북구 북악산로 746. 101-1303
전화 (02)766-2500, 팩시밀리 747-9600
e-mail / tobang2003@hanmail.net
ⓒ 석성우. 2021

ISBN 979-11-86857-11-3 03810